Anne Pieper

Tiere & Deko-Ideen aus Heu

W0084939

CHRISTOPHORUS

BRUNNEN-REIHE

Inhalt

Heutiere

Liebe Bastlerinnen,

ich bin auf einem Bauernhof aufgewachsen und liebe Tiere
sehr. Später habe ich Design studiert und verbinde nun Tier-
und Naturliebe, Kreativität und Bastelleidenschaft, indem ich
z. B. Bücher über Tiere und Figuren aus Heu schreibe und
auch Workshops dazu leite.

Tiere und Figuren aus Heu sind ein toller Blickfang für ihre
Wohnung und duften zudem wunderbar! Heu ist als nach-
wachsendes, kompostierbares Material voll im ökologischen
Trend, zudem ist es preiswert und leicht zu formen. Weil es
heutzutage jedoch auch viele Heuallergiker gibt, habe ich
für einige Anleitungen ausschließlich nichtallergene Fasern
verwendet. Sie können alle Modelle natürlich auch mit jedem
der vorgestellten Materialien abwandeln - Ihrer Kreativität
sind da keine Grenzen gesetzt.

Jetzt wünsche ich Ihnen viel Erfolg und Spaß beim Basteln!

Ihre

Material & Technik

Material

Heu, Flachs, Holzwolle, Wolle, Kokos-
fasern, Nähgarn, Zwirn, Myrthendraht,
Sisal- und Kokosfaserkordel, Filz, Leder,
Holzperlen, Holzstäbe, Holzrahmen,
Kükendraht, Dekoband und Holzstreuteile.
Alle im Buch vorgestellten Materialien
können Sie auch direkt bei mir beziehen:
Pieper Design, Postfach 1510,
D-42477 Radevormwald,
Tel. 02195-69277.

Werkzeuge

Schere, Ast- oder Gartenschere, Seitenschneider, Nähnadel, Heißklebepistole,
z. B. UHU pistole LT 110 XL, wasserfester
schwarzer Filzstift.

Das Heu

Heu bekommen Sie günstig auf den
meisten Bauernhöfen, Sie können es
aber auch in Bastelläden kaufen. Das im
Supermarkt angebotene Kaninchenheu
eignet sich dagegen nicht zum Basteln.
Je größer das Tier ist, das Sie basteln
wollen, desto gröber sollte das Heu sein,
und je kleiner, desto feiner.

Vorbereitung des Heus

Ganz wichtig ist, das Heu vor dem
Wickeln gut zu befeuchten. Das geht
ganz leicht mit Wasser aus dem Wäsche-
sprüher. So gibt es kaum Staub und das
Heu wird elastisch. Dann lässt es sich
besonders einfach verarbeiten.

Heuwickeln

Zum Wickeln eignet sich für die meisten
Modelle Nähgarn gut, bei größeren
Tieren jedoch besser sehr starker Zwirn,
um Stabilität herzustellen. Myrthendraht
ist nur dort zu empfehlen, wo eine
schwierige Form gehalten werden soll,
die nachträglich auch noch verändert
werden kann wie zum Beispiel Ringel-
schwänzchen, komplizierte Ohrformen,
Schnörkel oder Schleifen. Je üppiger Sie
Material aufwickeln, desto lebendiger
wirkt das Tier und je größer das Heutier
ist, desto fester sollte auch gewickelt

werden. Die Heufasern immer im Verlauf der Form auflegen, dann wird die Oberfläche schön glatt und einheitlich.

Flachs, Kokosfaser, Wolle, Holzwolle

Flachs, Kokosfaser und Holzwolle können Sie in größeren Mengen im biologischen Bauhandel kaufen. Wolle bekommt man in den meisten Bastelläden und Spinnereien. Wolle beim Bewickeln nicht zu fest ziehen, sonst entstehen rouladenartige Würste. Holzwolle lässt sich, sofern sie ungefärbt ist, in angefeuchtetem Zustand einfacher verarbeiten. Flachs und Kokosfaser sind über Jahrzehnte haltbar und dauerelastisch.

Sisal- und Kokosfaserkordeln

Beide Kordeln eignen sich sehr gut für Schwänze oder für Arme und Beine der Schlenkerfiguren und zum Aufhängen.

Übertragen der Vorlagen

Bei den kleinen Tieren gibt es als Formhilfe eine Pappschablone. Hierfür die auf dem Vorlagenbogen angegebene Grundform mit Transparentpapier auf Pappe übertragen und ausschneiden. Je größer das Tier ist, desto stabiler sollte die Pappe sein.

Augen und Nasen

Für die Augen verwende ich schwarze Holzperlen, die ich mit einer Gartenschere spalte. Sie können aber auch Fertigaugen und -nasen nehmen. Augen und Nasen können Sie auch mit Heißkleber anfertigen. Für ein Auge genügt ein Tropfen, für eine Nase setzen Sie ein Oval. Nach etwa 10 Sekunden den Kleber mit angefeuchtetem Finger verformen. Nach dem Erkalten den Kleber mit wasserfestem Filzstift schwarz anmalen.

Herstellung von Körper, Armen und Beinen der Schlenkerfiguren
(Seite 6 bis 11)

Für den Körper ein stumpfes Ei aus Heu von etwa 20 cm Höhe formen und umwickeln. Die Unterseite muss flach sein, damit die Figur sitzen kann. Nach der Vorlage A1 aus Filz die Hände herstellen. Für die Arme jeweils eine Kokoskordel, 20 cm lang, an einem Ende auseinander fächern und beidseitig an eine Filzhand kleben. Seitlich an der Schulter mit der Schere jeweils ein Loch bohren und das andere Ende der Kordel einkleben. Für die Beine zwei Kokoskordeln, 23 cm lang, zuschneiden. In die vordere Unterkante des Körpers zwei Löcher bohren und die Kordelbeine einkleben.

Schlenkerhase

Material

- Heu, 2 kg
- Reißfester Zwirn in Heufarben
- Filz in Grau, 2-3 mm dick
- 2 Augen in Schwarz, 16 mm Ø
- Nase in Schwarz, 22 mm Ø
- Kokosfaserschnur, 10-12 mm Ø
- 3 Holzstäbchen
- Myrthendraht in Gold
- Dekoband
- 3 Holzherzen in Gelb
- Plastikmöhre
- Blumendraht
- Tauchlack

Hilfsmittel

- Heißkleber
- Seitenschneider
- Flachzange

Vorlagen

A1, A2

[1] Nach der Anleitung auf Seite 5 Körper, Arme, Hände und Beine herstellen. Für den Kopf ein Ei von etwa 10 cm Ø formen und fest wickeln. Zwei lose, kleine Kugeln drehen und als Bäckchen seitlich auf den Kopf wickeln (siehe Vorlagenbogen, Abbildung 1). Für die Stirn eine Hand voll Heu auf den Oberkopf wickeln.

[2] Nach der Vorlage A2 die Ohren auf Pappe übertragen, ausschneiden und mit Heu bewickeln. In jedes Ohr ein Holzstäbchen einschieben und verkleben. Ohren in den Kopf spießen und ankleben. Ansatzstelle mit kurz geschnittenem Heu bewickeln.

[3] Kopf und Körper mit Hilfe von Holzstäbchen und Heißkleber verbinden. Für Augen und Nase jeweils ein Loch vorbohren und alles ankleben. Einige Kokosfasern als Schnurrhaare seitlich der Nase anbringen.

[4] Für die Füße jeweils eine breite Heuwurst fest wickeln. In den hinteren Teil mit der Schere jeweils ein Loch bohren und die Beinkordel einkleben. Für das Schwänzchen ein Bündel Heu in der Mitte abbinden, knicken und von der Knickstelle aus 1 cm weit festwickeln. Halme schräg abschneiden und an der markierten Stelle ans Hinterteil kleben (Abbildung 2).

[5] Drei Dekoschleifen, Herzen und Plastikmöhre ergänzen. Nach der Abbildung 3 aus Blumendraht mit der Flachzange eine Brille formen, Enden mit dem Seitenschneider abtrennen und in den Lack tauchen.

Schlenkermännchen

Material

- Heu, 2 kg
- Reißfester Zwirn in Heufarben
- 2 Augen in Schwarz, 14 mm Ø
- Filz in Grau, 2-3 mm dick
- Filzrest in Rot
- Kokosfaser in Orange
- Kokosfaserschnur, 10-12 mm Ø
- Holzstäbchen
- Myrthendraht in Gold
- Satinband
- Holzkäfer
- Lutscher
- Nagellack

Hilfsmittel

- Heißkleber
- Seitenschneider

Vorlagen

A1, B1, B2

1 Nach der Anleitung auf Seite 5 Körper, Beine, Arme und Hände herstellen. Für den Kopf aus Heu eine Kugel von etwa 11 cm Ø formen und mit Zwirn fest umwickeln. Für die Nase einen kleinen Strang Heu knicken und 1 cm weit umwickeln, Halmenden wie eine Bürste auseinander biegen und mittig auf die Kugel legen (siehe Vorlagenbogen, Abbildung 4). Halme fächerartig ausbreiten und anwickeln.

2 Drei lose, kleine Kugeln drehen und auf den Kopf wickeln (Abbildung 5). Mit klein geschnittenem Heu Unebenheiten ausgleichen. Kopf und Körper mit Hilfe von Holzstäbchen und Heißkleber verbinden. Nach der Vorlage B1 aus Filz die Ohren anfertigen und seitlich an den Kopf kleben.

3 Aus rotem Filzrest einen Mund schneiden (Vorlage B2) und zusammen mit den Augen anbringen. Für die Haare Heißkleber auf dem Kopf verteilen, Kokosfaser auflegen, mit angefeuchteten Händen andrücken und anschließend frisieren.

4 Für die Stiefel jeweils ein dickes Bündel Heu knicken und nach Abbildung 6 formen. In den Stiefelschacht mit der Schere jeweils ein Loch bohren und die Beinkordeln darin festkleben. Aus Satinband einen Schlips um den Hals binden, Enden spitz einkürzen.

5 Für die Krawattennadel Myrthendraht, 6 cm lang, mit dem Seitenschneider abtrennen, mittig knicken und verdrillen. Zu einem sehr schmalen Ring biegen und flach drücken. Mit der Öffnung nach hinten um den Schlips legen und mit dem Marienkäfer darauf festkleben. Einen Lutscher mit Lack versiegeln und mit Stecknadeln an der Hand befestigen.

Weihnachtsmännchen

Material
- Heu, 2 kg
- Reißfester Zwirn in Heufarben
- 2 Augen in Schwarz, 14 mm Ø
- Filz in Rot, 1 mm dick
- Filz in Grau, 2-3 mm dick
- Wolle in Weiß
- Nähgarn in Wollweiß, Rot
- Kokosfaserschnur, 10-12 mm Ø
- Holzstäbchen
- Holzsterne in Gold

Hilfsmittel
- Nähnadel
- Heißkleber

Vorlagen
C1, C2

1 Nach der Anleitung auf Seite 5 Körper, Beine und Arme herstellen. Statt Hände bekommt das Weihnachtsmännchen Handschuhe (Vorlage C1). Vier Stränge Wolle zart mit Garn umwickeln, jeweils um den Handschuhansatz und die Stiefelränder kleben und nachwickeln.

2 Die Augen im Gesicht befestigen. Für den Bart einen Strang Wolle ans Kinn kleben. Einen zweiten Strang mittig mit Garn abbinden und unter die Nase kleben.

3 Nach der Vorlage C2 eine Mütze aus dünnem Filz herstellen. Seitennaht schließen und umstülpen. Ein Wollkügelchen mit Garn zart umwickeln und an die Spitze kleben. Mütze auf dem Kopf befestigen. Je nach Wunsch Holzsternchen oder Ohren aus Filz ergänzen.

Anleitung und Materialangaben Seite 14

Kuhkopf

1 Nach der Vorlage H1 den Kuhkopf auf Pappe übertragen und ausschneiden. Rückseite dünn mit Heu bewickeln. Vorderseite in mehreren Schritten so mit Heu belegen, dass der Kopf und der Schnauzenteil deutlich erhöht sind (siehe Vorlagenbogen, Abbildung 8). Alles sehr fest wickeln.

2 Naturholzstäbe mit der Ast- oder Gartenschere beidseitig spitz anschneiden. Für die Hörner seitlich in den Kopf jeweils ein großes Loch mit der Schere bohren, Heißkleber hineingeben und Stäbe einschieben. Dabei Stabspitzen in die gleiche Position drehen.

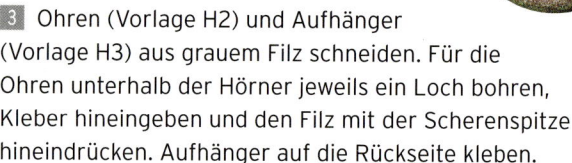

3 Ohren (Vorlage H2) und Aufhänger (Vorlage H3) aus grauem Filz schneiden. Für die Ohren unterhalb der Hörner jeweils ein Loch bohren, Kleber hineingeben und den Filz mit der Scherenspitze hineindrücken. Aufhänger auf die Rückseite kleben.

4 Bärenaugen in zwei vorgebohrte Löcher einkleben. Nach der Vorlage H4 die Nasenlöcher aus schwarzem Filz ausschneiden und fixieren. Zwischen den Hörnern und auf der Stirn Kleber auftragen, eine Hand voll Kokosfasern darauf verteilen und mit angefeuchteten Händen andrücken. Zunge nach der Vorlage H5 aus rosa Filz schneiden und unter das Maul kleben.

Anleitung und Materialangaben Seite 15

Meerschweinchen

Material

- Holzwolle, 150 g
- Zwirn
- Flachs, 50 g
- Nähgarn in Beige
- Holzstäbchen
- Kokosfaser, 100 g
- 2 Augen in Schwarz, 12 mm Ø
- 1 Hasenkreuz
- Filz in Grau, 2-3 mm dick
- Filzrest in Braun, Rosa, 1 mm dick

Hilfsmittel

- Heißkleber

Vorlagen

J1 – J3

1 Holzwolle mit Wasser ansprühen und daraus einen Kopf in der Größe eines Enteneis formen. Mit Zwirn fest wickeln. Einen länglichen Körper wickeln und beide Teile mit Heißkleber und Holzstäbchen verbinden (siehe Vorlagenbogen, Abbildung 9).

2 Den Körper mit Flachs belegen und mit beigem Garn festwickeln. Augen und Kreuznase anbringen, Nasenteil aus rosa Filz schneiden (Vorlage J1) und ankleben.

3 Nach der Vorlage J2 vier Füße aus grauem Filz anfertigen und so unter den Körper kleben, dass die Zehen sichtbar sind. Ohren nach der Vorlage J3 aus braunem Filz schneiden. Jeweils ein Loch seitlich in den Kopf bohren, Kleber hineingeben und das Ohr mit der Scherenspitze hineindrücken.

4 Körper schrittweise mit Kleber bestreichen und Kokosfaser mit angefeuchteter Hand andrücken, anschließend frisieren.

Diese Tiere sind unbedenklich für Allergiker!

TIPP

Holzmöhren, Salatköpfe oder Radieschen sehen als Dekoration zu den Meerschweinchen ganz toll aus. Am allerschönsten aber ist eine Meerschweinchenmutter mit Kind. Dazu einfach die Vorlagen für Ohren und Füße auf dem Kopierer verkleinern, der Kopf ist dann so groß wie ein kleines Hühnerei.

Hirsch

Material

- Heu, 2-3-kg
- 4 stabile Holzstäbe, 35 cm
- Holzstab, 22 cm
- Reißfester Zwirn in Heufarben
- 2 Augen in Schwarz, 16 mm Ø
- Nase in Schwarz, 35 mm Ø
- Filz in Grau, 2 mm dick

Hilfsmittel

- Heißkleber
- Ast- oder Gartenschere

Vorlage K

1 Für den Kopf angefeuchtetes Heu mit Zwirn zu einem gerundeten Kegel, etwa 14 cm lang, binden. Einen etwa 25 cm langen Körper, hinten spitz zulaufend formen und sehr fest mit Zwirn zusammenziehen. Für die Beine in den Körper mit der Schere vier sehr tiefe Löcher bohren, Kleber hineingeben und die Holzstäbe einkleben. Mit einer Ast- oder Gartenschere auf gleiche Länge schneiden.

2 Beine von oben nach unten mit Heu belegen und umwickeln. Mit der Schere eine tiefe Aufnahme für den Halsstab in Kopf und Körper bohren und beide Teile miteinander verkleben. Zwischenraum mit Heu belegen.

3 Für das Gehörn einen dicken Strang Heu am Kopf festwickeln. Einen zweiten Strang seitlich anlegen und einige Zentimeter weit festwickeln, den Strang dann teilen. Den kleinen Strang einige Zentimeter weit wickeln, die überstehenden Halme zurück zum Ansatz biegen und anwickeln. Das Gehörn kann beliebig lang gewickelt werden.

4 Für Augen und Nase jeweils ein Loch bohren, Teile einkleben. Ohren nach der Vorlage K aus Filz ausschneiden. Auf beiden Seiten des Kopfes ein Loch vorbohren, Kleber hineingeben und das Ohr mit der Schere eindrücken.

TIPP

Als Gehörn können Sie auch zwei gleich große Astgabeln verwenden, die Sie vielleicht beim schneiden Ihrer Hecke oder bei einem Waldspaziergang finden.

Nilpferd

Material

- Heu, 3-4 kg
- Reißfester Zwirn in Heufarben
- 2 Augen, 24 mm Ø
- 4 Holzstäbe, 30 cm
- Holzstab, 20 cm
- Filzrest in Grau, 2 mm

Hilfsmittel

- Heißkleber
- Gartenschere

Vorlage L

1 Für den Kopf angefeuchtetes Heu mit Zwirn zu einer Riesen-birne binden. Für den Körper eine große, etwa 35 cm lange stumpfe Wurst wickeln. In beide Teile mit der Schere ein Loch bohren. Einen Holzstab von 20 cm Länge mit der Gartenschere an beiden Seiten anspitzen und in den Kopf einkleben, anderes Ende komplett in den Körper einschieben und verkleben.

2 Vier tiefe Löcher für die Beine in den Körper bohren. 4 Holzstäbe, 30 cm lang, einseitig anspitzen und mit der Spitze voran in den Körper einkle-ben. Eventuell noch etwas kürzen, damit das Nilpferd nicht wackelt.

3 Beine und den Übergang zwi-schen Kopf und Körper reichlich mit Heu belegen und festwickeln. Für den Schwanz einen Strang Heu einseitig stark ausdünnen und 12 cm weit umwickeln. Am dickeren Ende Halme fächerartig auseinander zupfen und auf den Po kleben (siehe Vorlagen-bogen, Abbildung 10). Halme festwickeln.

4 Für die Nasenlöcher jeweils ein kleines Bündel Heu bewickeln (Abbildung 11). Enden auffächern und seitlich auf die Schnauze kleben. Halme festwickeln.

5 Nach der Vorlage L zwei Ohren aus Filz ausschneiden, am Kopf seitlich zwei Löcher für die Ohren bohren, etwas tiefer und mittiger zwei Löcher für die Augen. Ohren in der Höhe der Markierung (Abbildung 11) anbringen, Augen einkleben.

Anleitung und Materialangaben Seite 28/29

Schäfchen & Häschen

Material

- Flachs, 50 g
- Nähgarn in Flachs-beige
- Papprest

Schäfchen
Abbildung Seite 26/27

- Wolle in Grau, Braun
- Nähgarn in Braun, Grau
- 4 Haselnuss-stäbchen
- Filzrest in Grau
- Moos
- Kleine Stoffblüm-chen und -blätter
- Künstlicher Birken-zweig
- Holzzaun in Weiß

Häschen
Abbildung Seite 30/31

- Wolle in Weiß
- Kokosfasern
- Holzperle in Schwarz, 6 mm Ø
- Moos
- Kunst-Efeurest
- Holzmöhren

Schäfchen

1 Die Grundform für das Schaf nach der Vorlage M1 doppelt aus Pappe herstellen, einmal von links und einmal von rechts mit Flachs belegen und mit flachsfarbenem Garn umwickeln. Je ein Ohr nach der Vorlage M2 aus grauem Filzrest aus-schneiden und ankleben.

2 Einen Tropfen Heißkleber als Auge anbringen und nach dem Erkalten mit Filzstift anmalen. Pro Schaf jeweils zwei Haselnussstäbchen als Beine an den Bauch kleben. Graue Wolle auf das Schäfchen legen und mit grauem Garn zart anwickeln. Das andere Schaf mit brauner Wolle in gleicher Weise bewickeln.

3 Einen Holzrahmen anfertigen (Anleitung Seite 29) oder kaufen. Birkenzweig und Holzzaun aufkleben. Mit Moos, Blümchen und Blättern dekorieren. Für die Befestigung der Schafe am Kükendraht aus Pappe zwei kleine Vierecke schneiden und mit Heißkleber auf der Rahmenrückseite gegen die Schafe kleben.

Häschen

1 Grundform für den Hasen nach der Vorlage N auf Pappe übertragen und ausschneiden. Pappschablone einseitig mit Flachs belegen und mit flachsfarbenem Garn umwickeln.

2 Holzperle spalten und eine Hälfte als Auge aufkleben. Einige Kokosfasern als Schnurrbart auf der Nase fixieren, mittig ein Tröpfchen Kleber darauf setzen. Nase nach dem Erkalten mit Filzstift anmalen.

3 Aus weißer Wolle ein Schwänzchen formen und anbringen. Einen Holzrahmen selbst herstellen oder kaufen. Moos, Efeu und Holzmöhren der Abbildung entsprechend ergänzen. Zur Befestigung des Hasen am Kükendraht aus Pappe ein kleines Viereck schneiden und mit Heißkleber auf der Rückseite gegen das Häschen kleben.

Holzrahmen

Die Holzrahmen für die Schäfchen und das Häschen können Sie entweder selbst herstellen oder direkt bei Pieper Design beziehen (Adresse Seite 4).

1 Für die Schäfchen zwei Dachlattenstücke, 3,5 cm breit, von 30 cm und zwei weitere von 14 cm Länge zusägen und verschrauben. Für das Häschen zwei Dachlatten, 3 cm breit, in der Länge 21 und 9 cm verwenden und 40 mm lange Schrauben.

2 Holzbeize nach Packungsanweisung mit Wasser verrühren und mit dem Pinsel auftragen. Kükendraht etwa in der Größe Din A4 bzw. DIN A5 mit dem Seitenschneider zuschneiden und auf die Rückseite des Rahmens tackern.

3 Zum Aufhängen einfach zwei kleine Drahtstifte in die Wand schlagen und Rahmen darauf hängen. Diese Aufhängung ist nahezu unsichtbar und sehr einfach.

Holzrahmen
- Gehobelte Lattenreste, 3,5 und 3 cm breit
- 4 Schrauben, 45 und 40 mm
- Kokosfasern
- Holzbeize
- Kükendrahtrest

Hilfsmittel
- Heißkleber
- Wasserfester Filzstift in Schwarz
- Säge
- Schraubenzieher
- Pinsel
- Seitenschneider
- Tacker
- Nadeln für Tacker

Vorlagen
M1, M2, N